NOTICE

GÉOGRAPHIQUE,

STATISTIQUE ET MILITAIRE

SUR

LA PARTIE MÉRIDIONALE

DE

L'ANDALOUSIE,

ET PARTICULIÈREMENT SUR LA VILLE ET LES ENVIRONS

DE CADIX;

AVEC UNE CARTE D'UNE PARTIE DU ROYAUME DE
SÉVILLE, ET UN PLAN DE LA BAIE DE CADIX.

NOTICE

GÉOGRAPHIQUE,

STATISTIQUE ET MILITAIRE

SUR

LA PARTIE MÉRIDIONALE

DE

L'ANDALOUSIE,

ET PARTICULIÈREMENT SUR LA VILLE ET LES ENVIRONS

DE CADIX;

AVEC UNE CARTE D'UNE PARTIE DU ROYAUME DE SÉVILLE, ET UN PLAN DE LA BAIE DE CADIX.

PRIX, AVEC LA CARTE, 5.[fr]

A PARIS,

DE L'IMPRIMERIE DE CORDIER.

1820.

AVERTISSEMENT.

———

L'auteur de cette Notice a pensé que les événemens qui fixent dans ce moment l'attention et les regards du public sur la partie méridionale de la péninsule espagnole, feraient accueillir avec indulgence quelques détails géographiques et statistiques sur les points principaux de ce nouveau théâtre d'une malheureuse guerre civile.

Ce n'est, à proprement parler, qu'une compilation succincte de ce que les voyageurs modernes, les observateurs les plus estimés, tels que le chevalier *de Bourgoin*, dans son *Tableau de l'Espagne*, le comte *Alexandre de Laborde*, dans son *Itinéraire*, et plusieurs militaires français dans leurs mémoires publiés ou inédits, ont écrit sur cette belle et riche province de la monarchie espagnole : ce petit recueil ne se recommande que par le choix des bonnes sources où l'auteur a puisé, et l'ordre dans lequel il a disposé ces matériaux.

On joint à cette Notice, 1.º une copie lithographiée de la carte espagnole de *Lopez*, comprenant le littoral sur les deux mers, entre l'embouchure du *Guadalquivir* et la baie d'*Algésiras*, et remontant au nord jusques à la latitude de *Séville*; 2.º le plan détaillé de la baie et des environs de *Cadix*, en y comprenant l'île de *Léon*, lequel a été réduit et porté sur la même feuille. On a employé pour l'impression de cette carte et du plan, un procédé nouveau, dont le succès serait peut-être plus remarqué sans la précipitation que M. *Paulmier*, artiste distingué, et directeur de l'établissement lithographique de l'Editeur de cette Notice, a dû mettre dans son travail. Cet essai prouvera du moins que la lithographie peut, surtout pour ce genre de gravure, rivaliser avec le burin.

———

Les résultats qu'on obtient par les nouveaux procédés lithographiques de M. Guyot, sont d'offrir plus de pureté dans l'exécution, une grande variété de tons, et un nombre considérable d'exemplaires sans altérations ni empâtemens, avantages qu'on ne rencontre pas en suivant la méthode ordinaire, dans laquelle on fait usage de l'encre et du crayon.

On peut s'en convaincre non-seulement par la carte qu'il offre au public, mais encore par des essais qu'il a faits sur des plantes et leurs analyses, objets déjà soumis à l'examen de l'Institut, et par ses nouveaux caractères de musique, qui ont obtenu le suffrage des amateurs et des premiers maîtres en ce genre.

Il espère parvenir à donner à cet art, dont l'existence ne date chez nous que d'un petit nombre d'années, toute la perfection dont il est susceptible, et le rendre le rival heureux de l'art de la gravure.

NOTICE

GÉOGRAPHIQUE, STATISTIQUE ET MILITAIRE

SUR

LA PARTIE MÉRIDIONALE

DE

L'ANDALOUSIE.

CETTE grande et riche province, qui était la *Bétique* des *Romains*, fut divisée, sous les *Maures*, en quatre royaumes différens, qui forment aujourd'hui autant de provinces particulières; les royaumes de *Jaen*, de *Cordoue*, de *Grenade* et de *Séville*. Nous nous bornerons à la description de ce dernier, qu'on appelle plus particulièrement, mais improprement, *Andalousie*.

Le royaume de *Séville* a 58 lieues de l'est à l'ouest, et 27 du nord au sud. Il confine, à l'est, avec celui de *Cordoue*; à l'est et au sud-est, avec celui de *Grenade*; au sud, avec l'*Océan* et le détroit de *Gibraltar*; à l'ouest, avec le royaume d'*Algarve*, et au nord, avec l'*Es-*

tramadure. Cette province a deux ports, l'un sur la *Méditerranée*, à *Algésiras*, et l'autre sur l'*Océan*, à *Cadix*.

Ses principales villes sont, *Séville* sa capitale; *Cadix*, *Sainte-Marie*, *Xérès*, *Ecija*, *Ossuna*.

Les rivières qui l'arrosent sont le *Saltes*, la *Guadiana*, le *Tinto*, l'*Odiel*, la *Chanca*, le *Verde*, le *Barbate*, le *Guadalette*, le *Guadalquivir*, le *Xénil*, la *Guadiana*, le *Guadayra*, le *Fequas*, le *Camdon* et le *San Pédro*. Dans toute l'*Andalousie*, et principalement dans les royaumes de *Grenade*, de *Cordoue* et de *Jaen*, on trouve beaucoup de montagnes, les unes très-fertiles, les autres riches en pâturages, ou en mines de divers genres et en carrières de marbre : mais dans le royaume de *Séville*, il n'y a de remarquable que les montagnes de la *Sierra de Ronda*, qui le séparent du royaume de *Grenade*, et dont les contre-forts s'étendent vers le nord-ouest et au sud jusques au détroit de Gibraltar.

Puisque ce pays, où chaque pas, où chaque lieu rappelle de grands souvenirs et de sanglantes révolutions, semble encore en être menacé, le lecteur ne trouvera point ici déplacé un précis historique sur l'*Andalousie*; on le présente comme l'introduction la plus intéressante aux détails que nous avons annoncés. Nous l'empruntons en entier à M. *de Laborde*.

« Les *Phéniciens*, dit cet écrivain, furent
» les premiers peuples connus qui pénétrèrent
» en *Andalousie*, et les *Carthaginois* les pre-
» miers qui y entrèrent à main armée : ils y
» formèrent des établissemens, et ils en furent
» chassés par les *Romains*; ceux-ci en ont été
» expulsés dans le cinquième siècle de l'ère
» chrétienne par les *Vandales*, qui donnè-
» rent leur nom au pays qu'ils avaient con-
» quis. Mais ces derniers peuples n'y furent
» pas long-temps tranquilles; les *Goths*, sous
» la conduite de leur chef *Euricou-Evaric*,
» après avoir soumis la *Navarre*, l'*Aragon* et
» le pays de *Valence*, pénétrèrent en *Anda-
» lousie* par le pays de *Murcie*, s'en emparè-
» rent, et la réunirent à la monarchie qu'ils
» fondèrent en *Espagne*.

» Ce pays fut bientôt le théâtre de révolu-
» tions sanglantes. Soulevé contre *Agila*, roi
» *Goth*, il se choisit un monarque, et élut,
» en 548, *Athanagilde*. *Cordoue* refusa cepen-
» dant de reconnaître ce souverain, et s'éri-
» gea en république. *Agila* fit le siége de cette
» ville en 550, et fut forcé à le lever. *Atha-*

» *nagilde* se mit sous la protection de *Justi-*
» *nien*, empereur *Grec*, et lui céda le pays de
» *Valence* avec toutes les places jusqu'à *Gi-*
» *braltar*. *Justinien*, déjà maître de l'*Afrique*,
» que *Bélisaire* venait de conquérir sur les
» *Vandales*, y envoya, en 552, une armée ;
» l'*Andalousie* se soumit aux *Grecs*, et *Cor-*
» *doue* suivit cet exemple. La puissance des
» empereurs de *Constantinople* en imposa
» pendant quelque temps aux rois *Goths* ; ce-
» pendant le roi *Leuvigilde* assiégea *Cordoue*
» en 583, et s'en rendit maître : *Suintila*, un
» de ses successeurs, attaqua les *Grecs* en 624,
» les chassa de l'*Andalousie* : il réunit ce pays
» à sa couronne.

» Les *Arabes*, conduits par *Tarick*, lieute-
» nant de *Musa*, général du calife de *Damas*,
» pénétrèrent en *Espagne* par l'*Andalousie*
» en 711. Une bataille décida du sort de cette
» province et de toute l'*Espagne* ; elle fut don-
» née le 11 novembre, sur les rives du *Gua-*
» *dalette*, près de *Xérès* de la *Frontéra*, et le
» roi *Goth* don *Rodrigue* y fut tué. Dès ce
» moment l'*Andalousie* et l'*Espagne* appar-
» tinrent aux califes de *Damas*, et depuis
» à ceux de *Bagdad* : les généraux de ces
» princes en furent les gouverneurs ; mais *Ab-*

» *dulrahman* ou *Abdérame*, prince du sang
» royal des *Ommiades* ou *Almohades*, s'em-
» para du trône d'*Espagne* en 755 ; seul reste
» de cette infortunée famille, il avait échappé,
» en 750, au massacre de sa maison, que firent
» les *Abassides* ; poursuivi depuis l'*Euphrate*
» jusqu'au *Mont Atlas*, il passa d'*Afrique* en
» *Espagne* ; la faction de sa famille l'accueillit
» avec transport ; les peuples de l'*Andalousie*
» se joignirent à lui avec empressement ; il
» battit l'armée des *Abassides*, tua leur géné-
» ral, s'empara de la souveraineté, et se fit
» proclamer roi à *Archidona* le 15 mars 756.
» Il prit les titres de calife et de miramolin,
» et fixant le siége de sa cour à *Cordoue*, cette
» ville devint la capitale de son empire et de
» toute l'*Espagne*. Les révolutions se multi-
» plièrent dans la suite parmi les *Maures* ;
» l'*Andalousie* en fut le principal théâtre.

» L'*Espagne*, principalement l'*Andalousie*,
» se trouvait alors habitée par des *Arabes* de
» divers pays et de différentes tribus ; les pre-
» mières de celles-ci, arrivées sous les dra-
» peaux de *Tarick*, se donnèrent le nom d'*Es-*
» *pagnols*, et se regardèrent comme supé-
» rieures aux autres. La légion royale de *Da-*
» *mas* était à *Cordoue*, celle d'*Emèse* à *Sé-*

» *ville,* celle de *Kémistrin* ou de *Chalcis* à
» *Jaen,* et celle de *Palestine* à *Algésiras* et à
» *Médina-Sidonia :* mais ensuite il se mêla
» avec leurs descendans d'autres *Arabes* ou
» *Maures ;* les uns se confondirent avec ces
» tribus, d'autres en restèrent séparés. Le pays
» de *Murcie* fut habité par des musulmans
» venus de l'*Égypte ;* les environs de *Tolède,*
» et son intérieur, par des peuplades de l'*Ye-*
» *men* et de la *Perse ;* le pays de *Grenade,*
» par 10,000 cavaliers de la *Syrie* et de l'*Irack,*
» qui étaient, dit-on, de la race la plus noble
» de l'*Arabie.* Il en résulta autant de factions
» héréditaires, qui se transmirent, par la ja-
» lousie, un foyer de divisions et de troubles.
» En 1027, plusieurs gouverneurs se soule-
» vèrent à la fois ; ils usurpèrent la souverai-
» neté des pays qu'ils occupaient ; il y eut des
» rois à *Saragosse,* à *Tolède,* à *Valence,* à
» *Orihuela,* à *Séville.* C'est la première époque
» du démembrement de l'empire des *Maures*
» en *Espagne. Séville* rentra cependant bien-
» tôt sous la domination des rois de *Cordoue.*
» La différence des sectes occasiona de nou-
» velles révolutions. Une partie des *Maures*
» qui avaient participé à la conquête de l'*Es-*
» *pagne,* étaient les *Agaréniens,* venus du

» fond de l'*Afrique*. Ils tentèrent, en 1144, de
» secouer le joug des *Almoravides*. Dans la
» confusion qui en fut la suite, il se fit un
» nouveau démembrement du royaume de
» *Cordoue* : *Zafudola* fut roi de *Jaen*, de
» *Grenade* et de *Murcie*; *Aben-Gama*, de
» *Séville*; un général se fit roi de *Valence*; et
» *Mahamet* devint roi de *Cordoue*; mais un
» alfaqui ou moine musulman le détrôna, fut
» chassé à son tour deux ans après par *Aben-*
» *Gama*, qui réunit ainsi les royaumes de *Sé-*
» *ville* et de *Cordoue*.

» Un nouveau soulèvement éclata en 1221
» contre les *Maures Almoravides* ou *Almo-*
» *hades*. Le royaume de *Grenade* fut sup-
» primé; trois nouveaux rois furent procla-
» més; *Abdala* à *Baéza*, *Abu-Zeit* à *Va-*
» *lence*; *Aben-Hut* réunit sous ses lois pres-
» que tout le reste de l'*Andalousie*. Il régna
» quinze ans. *Ferdinand II*, roi de *Castille*
» et de *Léon*, attaqua les états de ce prince
» en 1236; il mit le siége devant *Cordoue* :
» dans le temps que cette ville se défendait
» avec le plus grand acharnement, *Aben-Hut*,
» son roi, fut étranglé dans un bain à *Almé-*
» *ria*, par son favori, qui voulut usurper sa
» couronne. *Cordoue* se rendit, et *Jaen* fut

» pris après un siége de huit mois. Les autres
» états d'*Aben-Hut* furent divisés. *Séville* se
» forma en république. Un nouveau prince ré-
» gna à *Murcie*, un autre dans l'*Algarve*. Ce
» fut alors qu'un homme tiré de la charrue fut
» choisi par ses concitoyens pour les gouver-
» ner. *Mahomed Alhamar* fonda le royaume
» de *Grenade*; son état devint florissant, et
» ses descendans conservèrent, pendant deux
» siècles et demi, le trône qu'il leur transmit.
» Ce royaume avait, lorsqu'il fut conquis par
» les rois catholiques, une étendue de 70 lieues
» de long et 30 de large; 32 grandes villes,
» 97 autres villes, plus de 2000 bourgs ou
» villages, et 3,000,000 d'habitans. Ses souve-
» rains en retiraient tous les ans 700,000 du-
» cats, somme très-considérable dans un temps
» où l'or et l'argent étaient très-rares.

» Le vainqueur de *Cordoue* et de *Jaen* se
» présenta sous les murs de *Séville* : elle ré-
» sista long-temps à toutes les forces de ce
» prince. Ce siége est le plus mémorable de
» l'*Espagne* depuis ceux de *Sagunte* et de *Nu-*
» *mance*. *Ferdinand* attaqua *Séville* par terre
» et par mer; une flotte nombreuse bloquait
» l'embouchure du *Guadalquivir*, tandis
» qu'une armée innombrable commandée par

» son roi battait la place de tous les côtés. Les
» *Castillans* s'y distinguèrent par leur cons-
» tance et leur intrépidité ; mais les *Maures* s'y
» signalèrent encore plus par leur bravoure et
» leur héroïsme. La famine seule les contrai-
» gnit à se rendre le 23 novembre 1248, après
» un siége de plus d'un an. Il sortit alors de
» *Séville* 300,000 hommes, qui se retirèrent
» les uns à *Grenade*, les autres en *Afrique*,
» emportant avec eux d'immenses richesses.
» Il était réservé à *Ferdinand V* et à la
» reine *Isabelle* de porter le dernier coup à la
» puissance des *Maures*, en leur enlevant le
» royaume de *Grenade*, à la fin du quinzième
» siècle. La prise qu'ils firent de *Malaga*, le
» 18 août 1487, facilita le siége de *Grenade*.
» Les *Maures* avaient réuni dans cette ville
» toutes leurs forces ; ils y furent attaqués en
» 1491, et la ville ne se rendit aux armées ca-
» tholiques qu'après un siége de plus d'un an.
» Après cet événement, les *Maures* ne con-
» servèrent plus rien dans aucune province ; et
» toutes, ainsi que l'*Andalousie*, se trouvèrent
» réunies à la monarchie espagnole en 1492. »
Depuis le règne glorieux de *Ferdinand le
Catholique* et de l'illustre *Isabelle de Castille*,
~~sœur de notre grand roi Henri IV~~, le royaume

de *Séville* n'a souffert aucun autre démembrement que la perte irréparable de *Gibraltar*, en-
levé en 1704. Les *Anglais*, malgré les efforts
de l'*Espagne*, sont restés maîtres de cette clé
de la *Méditerranée*, et les divers succès que
leur a valu, contre les flottes espagnole et française, l'avantage de cette relâche, n'a pas peu
contribué à l'affaiblissement de la puissance espagnole. Ce fut un mémorable exemple de l'incurie
du gouvernement espagnol : tandis que ses vaisseaux couvraient l'*Océan* et la mer *Pacifique*,
et que de fortes garnisons protégeaient ses établissemens dans les *Antilles*, au *Mexique* et au
Pérou, il n'y avait qu'un poste de cent hommes
dans *Gibraltar*. Après un inutile bombarde-
ment, l'amiral *Rook* ayant fait débarquer, à la
pointe d'*Europe*, une poignée de matelots,
ceux-ci gravirent le rocher jusqu'à la plus haute
sommité, et forcèrent cette misérable garnison
à leur livrer la place.

On voit aujourd'hui les tristes résultats des
conquêtes du *Nouveau-Monde*, et des fausses
richesses qui donnèrent tant d'éclat et d'in-
fluence à la monarchie espagnole sous les règnes
de *Charles-Quint* et de *Philippe II*. Que lui
reste-t-il de cette brillante fortune si enviée,
et pour laquelle elle a sacrifié sa population,

son commerce, ses manufactures ? Elle s'est appauvrie à mesure que l'or, signe fallacieux des richesses d'un État, est devenu plus abondant.

Sans nous laisser entraîner à ces réflexions, qui, pour n'être pas étrangères à l'objet de cette Notice, nous porteraient cependant fort au-delà du cercle dans lequel nous voulons la circonscrire, reprenons les détails descriptifs que ce précis historique nous a fait interrompre.

CADIX.

La baie de *Cadix*, qui n'a pas moins de dix à douze lieues de circonférence, n'est ouverte qu'à l'ouest et au nord-ouest; mais elle est fermée à toutes les autres aires de vent, et son enfoncement et l'élévation des montagnes rendent le mouillage aussi sûr qu'il est commode pour toute espèce de bâtimens; ils peuvent s'y ranger, selon leur rang, à des stations différentes.

La baie est principalement défendue par le fort *Saint-Sébastien*, le fort *Louis*, et celui de *Matagorda*.

Les points les plus remarquables autour de cette vaste enceinte, sont la ville même de *Cadix*, l'île de *Léon*, la *Caraca* ou l'arsenal de la marine, la ville de *Saint-Ferdinand*, la nouvelle ville de *San-Carlos*, celle de *Puerto-Réal*, celle de *Puerto Santa-Maria*, la ville de *Rota*, et le village *Chiclana*.

La ville de *Cadix*, à vingt-cinq lieues de *Séville* et dix-huit lieues nord-ouest de *Gibraltar*, est située à l'extrémité d'une langue de terre qui, jointe à l'espace occupé par la ville de *Saint-Ferdinand*, forme l'île de *Léon*, aussi appelée *Saint-Ferdinand*.

La longueur de cette langue de terre jusqu'à la ville de *Saint-Ferdinand*, est de deux lieues d'Espagne, 7,500 toises. Sa largeur, sur une étendue de 1000 toises, depuis *Cadix* jusqu'au fort de *Pontales*, est de 280 à 300 toises; elle se retrécit ensuite, et ne forme presque plus qu'une chaussée, ayant d'un côté la pleine mer d'*Océan*, et de l'autre l'intérieur du port. C'est à peu de distance de *Pontales* qu'on trouve la *Cortadura*, qui est une coupure dans l'isthme, ou langue de terre, large fossé inondé soit par les eaux de la grande mer, soit par les eaux du port.

Cette chaussée, qui forme un coude et presque un angle droit vers les deux tiers de son étendue, à la tour des Signaux, appelée *Torre-Gorda*, aboutit à *Saint-Ferdinand*. Ici le terrain s'élargit considérablement; la ville de *Saint-Ferdinand* en occupe une partie.

Au nord de l'île de *Léon*, à-peu-près à un quart de lieue du grand arsenal de la *Caraque*, se trouvent les nouveaux établissemens maritimes appelés la nouvelle ville de *San-Carlos*, dont la construction, aux frais de la couronne, a été interrompue. Du côté de l'*Océan*, vers *Santi-Petri*, le terrain s'élève, et forme un plateau où l'on peut faire camper quatre à cinq mille hommes. Le fort de *Santi-Petri*, qui, aux basses marées, se trouve contigu à ce plateau ou monticule, défend l'accès de l'île de *Léon* et de la chaussée, du côté de la mer, comme le fort de *Pontales* défend l'intérieur du port.

A la sortie de *Saint-Ferdinand* se trouve l'ancien pont des *Romains*, appelé le pont de *Suazo*, qui unit l'île de *Léon* au continent; au-delà de ce pont commence une chaussée élevée sur un terrain marécageux, coupé par une infinité de canaux et par divers bassins, où les eaux sont retenues pour en extraire du sel. Tout ce marais, appelé *las Salinas*, est inabordable par aucun autre chemin que par la chaussée : celle-ci se prolonge jusqu'à une distance de 3,000 toises, où le terrain, plus ferme, s'élargit; mais il est encore coupé par les canaux qui servent à l'écoulement des eaux, et il est couvert de bois. L'extrémité de la chaussée divise, à-peu-près en deux parties égales, la distance entre *Chiclana* et *Puerto-Réal*.

La *Caraca* est l'arsenal de la marine royale; son entrée est défendue, du côté du port, par le fort *Louis* et le fort *Matagorda*, dont les feux se croisent. Cet arsenal contient trois grands bassins, qui servent à caréner les vaisseaux et frégates de tout rang : il y a douze chantiers de construction. On y trouve des ateliers de toute espèce et d'immenses magasins. La fabrication des toiles à voiles, des cordages, des câbles, passe pour être la meilleure de l'*Europe*. On peut y mettre en activité jusqu'à cinq ou six cents ouvriers.

Puerto-Réal est une petite ville dans le fond de la baie, au nord-est de *Cadix*. Sa population est d'environ dix mille âmes; les salines y donnent un produit d'environ vingt-un millions de quintaux de sel. Il y a un très-beau bassin de carénage.

Le canal de *Trocadero*, entre la pointe de *Matagorda* et l'embouchure du *Guadalette*, est le chantier des vaisseaux marchands; il est vis-à-vis le fort de *Pontales*, dont il est éloigné d'environ 1000 toises. Le port qui, entre ces deux points, forme un goulet, s'élargit ensuite, sépare, par un canal, l'île de *Léon*, et se termine dans le fond, au-delà du pont de *Suazo*, par différentes pointes ou criques, où les eaux de l'*Océan*, qui longent le fort de *Santi-Petri*, aboutissent par des canaux; et c'est proprement cette réunion des eaux de la grande mer avec celle du port, qui forme l'île de *Léon*.

Le port *Sainte-Marie* est aussi une petite ville située dans la baie, au nord, et à trois lieues de *Cadix*. Sa population est de dix à douze mille habitans. Elle est bâtie à l'embouchure du *Guadalette*, dont on passe les deux branches sur deux ponts de bateaux, l'un de 250, l'autre de 166 pieds, en venant de *Puerto-Réal*, qui en est à deux lieues de distance. Plus loin, vers le nord-est, en suivant le rivage, est la petite ville de *Rota*, d'environ 6,000 habitans, renommée par l'excellence de ses vins.

Chiclana, au-delà de l'île de *Léon*, et sur la rive droite de l'un des canaux qui la séparent du continent, peut être considéré comme le fond de la baie; c'est en effet le terme de la navigation des bateaux; c'est aussi le plus agréable but de promenade : on peut, à la faveur d'un bon vent et de la marée, s'y rendre, de *Cadix*, en deux heures. Laissant l'île de *Léon* à droite, et la *Caraque* à gauche, on passe sous le pont de *Suazo*, dont nous avons parlé plus haut. On suit le canal, qui se rétrécit et se divise en plusieurs branches; l'une de ces branches conduit à *Chiclana*, joli village bâti sur la rive droite : il est entouré et dominé par plusieurs petites éminences, et par un ancien château des *Maures* tombé en ruines : c'est un séjour délicieux, embelli par de belles maisons de campagne, où les ombrages, la culture des arbustes et des fleurs, dédommagent de la triste aridité des plages de *Cadix* et du pourtour de la baie.

Quand on est sur les hauteurs qui couronnent la vallée de *Chiclana*, on embrasse d'un coup d'œil l'île de *Léon*, la ville de *Cadix*, tous les lieux qui la bordent, et la mer qui est au-delà. On suit le cours de la rivière *Santi-Petri* jusqu'à son embouchure. En se tournant vers l'orient, on aperçoit *Médina-Sidonia*, dont l'ancien château est le point le plus élevé à l'horizon dans la vaste plaine qui s'étend jusqu'à la baie d'*Algésiras*, distante de quatorze lieues. C'est de cette partie que souffle le vent du sud-est, appelé *solano*, ou vent de *Médine*, qui n'est pas moins redouté des habitans de *Cadix*, que le *sciroco* des *Napolitains*.

Après cette description de la baie, que le plan joint à cette Notice rendra plus sensible, il nous reste à parler de la ville même de *Cadix*. Nous parcourrons ensuite rapidement les principales villes de la *Basse-Andalousie*, et nous terminerons cet écrit par quelques réflexions militaires sur la position défensive de l'île de *Léon*, en rappelant les opérations offensives des *Français*.

« La ville de *Cadix* (dit M. *de Laborde*
» dans son Itinéraire) est d'une grandeur
» moyenne : on croit qu'elle fut autrefois bâtie
» dans un lieu différent, mais voisin de la pe-
» tite péninsule où elle est située, et qu'elle
» fut engloutie par la mer; on assure même
» que, par un très-beau temps calme, et à
» basse marée, on aperçoit quelquefois sous les
» eaux les ruines de ses anciennes maisons,
» et les restes d'un temple dédié à *Hercule*.
» En effet, à l'époque du tremblement de terre
» qui renversa *Lisbonne*, le 1.er novembre
» 1775, la mer, gonflée extraordinairement,
» se répandit au loin dans les terres, et y laissa
» des débris qui paraissaient avoir appartenu
» à un temple. »

Les opinions sur la fondation de *Cadix*
sont diversement fabuleuses; la plus vraisem-
blable est celle qui l'attribue aux *Phéniciens*.
Les *Romains* l'honorèrent du titre de *muni-
cipe*.

Cadix est une ville très-opulente; c'est le
grand entrepôt du commerce de l'*Espagne*.
L'admirable situation de son port, à l'entrée de
l'*Océan Atlantique*, appelle et facilite les opérations commerciales de toute espèce avec le
Portugal, l'*Angleterre*, la *Hollande* et les

côtés de *France* et d'*Allemagne.* C'est de *Cadix* que s'expédient, pour les contrées du *Nouveau-Monde*, les marchandises que les navires de toutes les nations y apportent. C'est de ce port que s'exportent et se répandent dans toute l'*Europe* les riches cargaisons des galions et des autres vaisseaux venant de l'*Amérique.* Aussi la ville de *Cadix* est-elle toujours abondamment approvisionnée en marchandises et en comestibles ; et, par une conséquence nécessaire, le luxe est porté à un degré excessif.

On porte à soixante-dix mille âmes la population de *Cadix*, qui s'y trouve très-resserrée. La ville est bien bâtie ; les rues sont commodes ; la place carrée de *San-Antonio* est belle et pavée avec magnificence : de ses cinq portes, quatre s'ouvrent sur la mer, une seule du côté de terre ; il n'y a d'autres promenades publiques que les allées de l'*Alméda*, le long de la mer du côté de la baie, et le tour des remparts.

L'un des plus grands inconvéniens de l'habitation de *Cadix*, est le manque d'eau potable : celle des puits est dure, saumâtre et malsaine ; et les eaux de pluie qu'on recueille dans les citernes ne tardent pas à s'y altérer. On n'y peut suppléer qu'en transportant de l'eau douce et assez bonne des fontaines du port *Sainte-Marie*. Ce transport continuel se fait dans des barques uniquement destinées à cet objet de commerce, dont la dépense est évaluée à 500,000 francs par an. Encore cette ressource ne peut-elle fournir aux besoins de la ville dans les temps de sécheresse : le transport est fréquemment interrompu par l'agitation de la mer et par les vents contraires.

Si l'on en exempte le front de fortifications qui couvre l'entrée de la ville du côté de l'est, et qui est bien entretenu, le reste de l'enceinte sert plus à son embellissement qu'à sa défense.

La rade, à l'entrée de la baie, n'est qu'imparfaitement protégée, d'un côté, par le fort *Sainte-Catherine*, et de l'autre par le fort *Saint-Sébastien*, sur la tour duquel est placé le fanal qui indique l'entrée du port; mais le passage de la grande baie à celle de *Pontales*, est suffisamment défendu par les feux des forts *Matagorda* et *San-Lorenzo*.

Les *Anglais* ont tenté plusieurs fois de s'emparer de *Cadix*; réunis aux *Hollandais* ils l'assiégèrent en 1702. Ils bombardèrent cette place en 1797 avec aussi peu de succès. Enfin, vers la fin de cette première guerre de la révolution, ils tentèrent un débarquement sous la place même, pendant que la fièvre jaune y causait d'affreux ravages. Soit qu'ils n'eussent en vue que de détruire le plus riche arsenal de la marine espagnole, soit qu'en isolant entièrement la ville et coupant l'isthme, ils espérassent d'en faire une seconde *Malte*, ils échouèrent dans cette entreprise mal concertée.

Xérès de la *Frontera* est une ville agréable située au milieu des plus riches campagnes sur les rives du *Guadalette*. On croit que c'est l'ancienne *Asta Régia*. L'intérieur de *Xérès*, dont la population est d'environ 20,000 habitans, répond à la beauté de ses dehors. On remarque surtout la belle situation de la *Chartreuse*, dont les jardins sont magnifiques. Les habitans de ce monastère y ont fondé deux hospices, l'un pour les enfans, l'autre pour les vieillards.

Arcos est une petite ville située sur un rocher très-élevé à 3 lieues de *Xérès*, et presque entourée par la rivière de *Guadalette*. L'accès en est très-difficile au sud et à l'ouest.

Ecija, ville d'environ 15,000 âmes, à 18 lieues de *Séville*, est l'une des plus agréables de l'*Andalousie*. Elle est située entre deux coteaux sur le bord occidental du *Xenil*; son territoire est très-fertile.

Nous devrions compléter cette *Notice géo-*

graphique de l'*Andalousie méridionale* par la description de sa capitale, *Séville*, ou la fameuse *Hispalis*, l'une des premières et des plus belles cités de l'*Espagne*, comme aussi des plus anciennes, puisque *Strabon* et tous les anciens géographes et naturalistes en ont fait mention, et lui donnaient une origine fort reculée dans l'antiquité. Nous n'aurions qu'à continuer de transcrire les excellentes recherches du savant voyageur que nous avons principalement pris pour guide ; mais nous préférons de renvoyer le lecteur à l'ouvrage même de M. *Alexandre de Laborde* ; il ne laisse rien à desirer sur l'histoire de *Séville*, sur les siéges mémorables qu'elle a soutenus depuis la domination des rois *Goths* jusqu'à sa réunion aux états des rois de *Castille* ; sur sa situation dans la belle et vaste plaine qu'arrose le *Guadalquivir*. *Séville* a conservé la même enceinte qui fut construite par les *Romains*. Sa population qui fut autrefois de 300,000 âmes, avant l'expulsion des *Maures*, est réduite à 96,000. Nous excéderions les bornes que nous nous sommes prescrites si nous entrions dans de plus grands détails ; nous nous bornerons à faire observer que *Séville*, qui faisait autrefois seule le commerce de l'*Amérique Espagnole* par la navigation du *Guadalquivir*, a perdu cet avantage par l'accroissement de la ville de *Cadix*, où le commerce s'est transporté à cause de la commodité de son port.

Revenons à l'île de *Léon*, qui est aujourd'hui le point le plus intéressant de l'*Andalousie*, à cause de sa position intermédiaire entre *Séville* et *Cadix*, et sous le rapport de son occupation par le corps d'armée des troupes espagnoles insurgées.

Il est certain qu'un corps de 8,000 hommes ayant une artillerie suffisante, des vivres et des munitions, peut tenir long temps dans l'île de *Léon* contre les attaques et du continent et de *Cadix*, surtout s'il peut se flanquer du côté du port et s'y appuyer par l'embossement de quelques chaloupes canonnières.

Mais les mêmes causes qui rendent très-difficile l'accès de cette position, en facilitent aussi le blocus, parce que la communication par *Santi-Pétri* vers l'embouchure du *Rio San-Petro* est très-précaire, que ce mouillage est très-borné, peu sûr, et ne peut servir qu'à de très-grosses barques.

A l'époque où les troupes françaises investirent par terre la place de *Cadix* et l'île de *Léon*, les troupes espagnoles qui occupaient cette dernière position, avaient *Cadix* pour appui, et tous leurs magasins assurés ; elles avaient toutes les forces et tous les moyens maritimes, dans le port et hors du port , à leur disposition ; elles pouvaient communiquer, recevoir des vivres et des renforts et les secours de toute espèce que l'*Angleterre* et l'*Amérique* pouvaient leur fournir.

Aussi les ouvrages, retranchemens et batteries établis par les *Français* n'eurent d'autre objet que de resserrer, autant que possible, l'investissement par terre, et de se mettre en mesure soit de repousser les sorties de l'île de *Léon* , soit de prévenir les attaques que les *Espagnols* pouvaient tenter en débarquant sur divers points de la côte, dans le dessein de prendre à revers les ouvrages et les lignes de communication de l'armée assiégeante. La seule batterie établie près de *Matagorda* , du côté de *Puerto-Réal* , fut armée de mortiers à semelle et d'obusiers de grande portée ; elle put à la vérité lancer quelques projectiles jusque dans l'enceinte de *Cadix* , mais avec trop peu d'effet : le faible avantage d'effrayer la population ne pouvait guère balancer la dépense et les pertes que causa ce long blocus : mais on jugea sans doute plus nécessaire de contenir dans *Cadix* et dans l'île de *Léon* les forces qui auraient pu déboucher dans l'*Adalousie*, et opérer au moins une puissante diversion qui eût rendu très-précaire l'occupation de cette province. Dans cette situation respective des troupes françaises et espagnoles, il est évident que *Cadix* ne pouvait être réduit que par le concours d'une force navale capable de maintenir rigoureusement le blocus du port.

Aujourd'hui, l'armée royale espagnole se trouve, par rapport à l'armée insurgée, dans la même position où était l'armée française; elle occupe les mêmes postes vis-à-vis l'île de *Léon*; mais les insurgés sont plus resserrés au nord de la baie, puisqu'ils n'ont pu s'étendre jusqu'à *Matagorda* et au *Trocadero*, et que leurs postes n'ont point dépassé la rive gauche du *Guada-lette*. Inquiétés à revers par les sorties que peut faire la garnison de *Cadix*, ils ne peuvent avoir d'appui solide que par l'occupation de cette place; et néanmoins leur position ne pourrait être forcée par les plus vigoureuses attaques tant qu'ils auront des vivres et des munitions.

FIN.

LITHOGRAPHIE COMMERCIALE
DE E. J. L. GUYOT.

—

MUSIQUE.

Heure du soir, Romance à deux voix, paroles de MILLEVOIE, Musique de L. BALOCHI. Prix *fixe*, 2 fr.

Tema con Variazioni per la Chitarra, da Marco Aurelio ZANI. Prix, 1 fr. 50 c.

ŒUVRES SOUS PRESSE :

Trois Nocturnes italiens de L. BALOCHI.

Cavatine de l'Opéra de Tancrède ; par ROSSINI (*Di tanti palpiti*) variée pour le Piano ; par l'Abbé GELINECK.

Jolis Airs variés pour la Harpe ; par M. LAURENT, *Professeur.*

BIBLIOTHEQUE NATIONALE DE FRANCE
3 7531 03972871 3